1. Auflage 2021

Rezepte und Text – Güldane Altekrüger
Fotos – Danailama
Gestaltung und Satz – Güldane Altekrüger
Gestaltung Cover – RSL Design

Quellen für die Nährwerte: www.fettrechner.de
www.ernaehrung.de
Ermittlung der Broteinheiten (BE):
Kohlenhydrate je Zutat in g /12
Keine BE für Zuckerersatzstoffe und Gemüse.
Quelle: www.diabetesde.org

Die Angaben der Nährwerte und Broteinheiten
sind ohne Gewähr. Lass dich bei Bedarf von
Fachleuten (ÄrztInnen, DiätassistentInnen)
beraten.

ISBN 978-3-9821017-4-3

Güldane Altekrüger

Wölkchenleichtes
Grill- und Partybuffet

Inhaltsverzeichnis

Inhaltsverzeichnis

Vorwort

Liebe Leserin, lieber Leser,

ich bedanke mich für diese wahnsinnig vielen, wunderbaren Rückmeldungen zu meinen ersten drei Büchern! Es freut mich sehr, dass meine Rezepte euch beim Abnehmen helfen, ihren Platz bei eurer Umstellung auf eine gesunde Ernährung bekommen haben oder euch einfach schmecken. Das ist unfassbar schön für mich.

Meine Kollegin sitzt neben mir und sagt gerade voller Einsicht: „Es ist ja total einfach ein Brot zu backen!". Dabei beißt sie in ihr frisch zubereitetes Ciabatta mit Frischkäse und Gemüse, das sie in unserer Ladenküche selbst gebacken hat. Ihre Aussage und die zahlreichen euphorischen Mails, dass die Backmuffel jetzt mit Leidenschaft am Ofen stehen, zaubern mir immer ein breites Grinsen ins Gesicht. Ja, backen kann schnell gehen, gesund sein und vor allem schmecken! Wölkchenleicht mit vielen Ballaststoffen und Proteinen.

In diesem Buch dreht sich alles rund um das wölkchenleichte Grill- und Partybuffet. Ich liebe es in großer Runde aufzutischen und zu schlemmen, sich beim Essen Zeit zu lassen, gute Gespräche zu führen und viel zu lachen. Damit so schöne Abende auch ohne schlechtes Gewissen enden, habe ich mir die versteckten Kalorienfallen vorgenommen, die nicht auf dem Grill lauern, sondern dort, wo man sie am wenigsten vermutet: bei Salaten, Dips und Fingerfood.
Die beliebtesten Rezepte habe ich in gesunde, leckere und leichte Variationen abgewandelt, sodass wir am Buffet schlemmen können. Ich hoffe sehr, dass ich euren Geschmack treffe.

Übrigens: Meine Rezepte sind für Diabetiker geeignet. Und auf Seite 13 gibt es Tipps, wie du sie einfach in vegan oder glutenfrei umwandeln kannst.

Viel Spaß und Genuss beim nächsten Grill- und Partyvergnügen!

Herzlichst Dana

Zutatenkunde

Haferkleie:

Vom Pferdefutter zum Superfood. Zugegeben: Haferkleie ist wirklich kein Begriff, der sexy klingt – und doch haben wir es hier mit einem wahren Superfood zu tun! Die Kleie besteht aus der dünnen Haut um den inneren Mehlkörper, den äußeren Randschichten und dem Keimling des Haferkorns. Und diese Kornhülse wurde früher an Pferde verfüttert oder als Matratzenfüllung genutzt. Dabei sticht Haferkleie selbst die altbewährten Haferflocken aus: Neben einem höheren Eiweißanteil und mehr Vitaminen hat Haferkleie mit 8,1 Prozent löslicher Ballaststoffe doppelt so viel wie die Flocken. Lösliche Ballaststoffe sind Quellstoffe, die große Mengen Wasser binden können, im Gegensatz zu unlöslichen Ballaststoffen, z. B. Pflanzenfasern, die nicht vom Körper verdaut werden. Dieses Beta-Glucan im Hafer senkt erhöhte Cholesterinwerte und sorgt für einen geringeren Anstieg des Blutzuckerspiegels.

Für meine Rezepte nutze ich feingemahlene Haferkleie. Falls gerade nur gröbere Haferkleie zur Hand ist, sollte sie unbedingt – z. B. mit einem Zerkleinerer – feiner gemahlen werden.

Mehlsorten/Typennummern/Vollkorn:

Meine Rezepte funktionieren in der Regel mit allen eigenbackfähigen Mehlsorten, sogenannten Brotmehlen; das sind Weizen-, Roggen- und Dinkelmehl. Es gibt sie jeweils als „Teilauszugsmehl" (das ist das Mehl mit Typennummer) und als Vollkornmehl (das ohne Typennummer auskommt). Auch wenn es ab und zu behauptet wird: Die Typennummer gibt nicht die Feinheit des Mehls an! Vielmehr handelt es sich um den Aschegehalt (in mg) bezogen auf 100 g Mehl.

Asche im Mehl? Genau, man verbrennt nämlich 100 g Mehl, um den Mineralstoffgehalt zu ermitteln. Hat das Mehl beispielsweise die Typenbezeichnung 630, so sind in 100 g Mehl 630 mg Mineralstoffe. Das bedeutet: Je höher die Typennummer, desto mehr Schalenbestandteile finden sich im Mehl – und somit mehr Nährstoffe. Und desto dunkler ist das Mehl.

Andererseits lassen sich Mehle mit niedrigen Typennummern leichter verarbeiten und führen zu luftigeren Gebäckstücken. Vollkornmehl bekommt keine Typennummer.

Zutatenkunde

Magerquark, griechischer Joghurt

Wer meine Rezepte kennt weiß, dass ich sehr oft Magerquark verwende. Ich hätte selbst nie gedacht, wie vielseitig und gesund dieses Produkt ist. Magerquark ist eine wahre Eiweißbombe und fördert damit den Muskelaufbau, den Zellstoffwechsel und ist kalorienarm. Magerquark liefert mit 13 g pro 100 g im Durchschnitt noch mehr Eiweiß als der griechische Joghurt mit etwa 6 g. Dafür wartet Joghurt mit einem etwas höheren Kalziumgehalt auf.

Durch die cremige Konsistenz sättigen sie außerdem länger als flüssige Molkereiprodukte.

Der griechische Joghurt wird im Vergleich zum Naturjoghurt länger abgetropft, weswegen man in der Herstellung etwa viermal so viel Milch benötigt, um auf die gleiche Joghurtmenge zu kommen. Daher enthält der griechische Joghurt mehr Eiweiß und weniger Kohlenhydrate als ein fettarmer Naturjoghurt. Bei fettarmen Naturjoghurt wird zudem Zucker als Geschmacksverstärker beigefügt.

Für meine Backrezepte entscheide ich mich oft für den Magerquark, weil er den Teig bindet und zusätzliches Volumen bringt. Der griechische Joghurt hingegen ist in Kombination mit weiteren Zutaten ein wunderbarer, kalorienarmer Ersatz für Sahne und Mayonnaise in Cremes.

Weinsteinbackpulver oder herkömmliches Backpulver?

Der Unterschied zwischen Weinstein- und klassischem Backpulver liegt im Säuerungsmittel. Die klassische Variante setzt auf Phosphat, Weinsteinbackpulver auf Weinsteinsäure. Trennmittel und Natron sind in beiden Varianten enthalten. Weinstein allerdings entsteht auf natürliche Weise beim Herstellungsprozess von Wein. Das entstandene Kaliumhydrogentartrat ist die gebundene Form von Kalium, welches Trauben während des Reifeprozesses über den Boden aufnehmen.

Weinsteinbackpulver ist bei der Teigzubereitung unempfindlicher und hat keinen Beigeschmack.

Backtipps

Halte dich an die Mengenangaben

Ich habe die Rezepte mehrmals gebacken, um das optimale Verhältnis der Zutaten zu ermitteln. Wenn du dich an die angegebenen Mengen hältst, kann eigentlich nichts schiefgehen.

Heize vor

Um ein gutes Ergebnis zu bekommen, solltest du den Backofen unbedingt auf die gewünschte Temperatur vorheizen. Ansonsten kann das Gebäck nicht aufgehen oder es bildet sich keine Kruste.

Achte auf den Umgang mit dem Backpulver

Ein Teig mit Backpulver, der zu lange wartet oder zu oft gerührt wird, kann die Eigenschaft des Aufgehens verlieren. Auch ist es möglich, dass der frühe Kontakt von Backpulver mit den feuchten Zutaten (z. B. Quark und Eiern) das Backergebnis verändert. Ich habe die Reihenfolge bei den Rezepten berücksichtigt. Wenn du sichergehen möchtest, vermenge zunächst die trockenen Zutaten, bevor du sie weiterverarbeitest.

Ich verwende bei meinen Rezepten Backpulver statt Hefe. Hefe benötigt sehr viel Klebereiweiß, das aber wegen der niedrigen Mehlanteile in meinen Gebäcken in zu geringer Menge vorkommt. Ich nehme oft das Weinsteinbackpulver: Es ist bei der Teigzubereitung weniger empfindlich und hat auch keinen Beigeschmack.

Kleide die Backform aus

Da meine Teige meist sehr klebrig sind, empfehle ich, die Form komplett – also auch den Rand – mit Backpapier auszukleiden. So hat man nebenbei das Fett zum Einfetten gespart und auch die Form ist hinterher leicht zu reinigen. Fast faltenfrei funktioniert es, wenn du das Backpapier vorher ins Wasser tauchst und auswringst.

Backtipps

Lass das Gebäck auskühlen
Einige Gebäcke erreichen ihre beste Konsistenz erst nach dem vollständigen Auskühlen. Da ich in meinen Rezepten so wenig Mehl wie möglich verwende, ist dieser Prozess sehr wichtig. Warm angeschnittenes Gebäck kann innen glitschig sein und wird zusammengedrückt.

Beachte die individuelle Backzeit
Jeder Ofen ist anders und meine Backzeiten passen zu meinem Ofen. Schau nach, ob dein Gebäck goldgelb und/oder von innen auch schön durchgebacken ist. Für Kuchen empfehle ich dir den Zahnstochertest: Stecke vor dem Herausholen des Kuchens einen Zahnstocher in die Mitte des Kuchens. Bleibt noch Teig daran kleben, muss er weiter backen; wenn nicht, ist der Kuchen fertig.

Benutze Eier der Größe M
Ich habe bei meinen Rezepten stets Eier der Größe M genommen, um immer das gleiche Ergebnis zu bekommen. Da meine Rezepte teilweise sehr geringe Mehlmengen enthalten, können Eier anderer Größe das Backergebnis beeinflussen.

Haferkleie fein mahlen
Haferkleie gibt es im Handel in verschiedenen Mahlgraden. Nur wenige sind wirklich fein gemahlen, auch wenn sie so heißen. Um bessere Ergebnisse zu erzielen, empfehle ich, die Kleie zu Hause zu mahlen (Zerkleinerer, Kaffeemühle) oder sie direkt bei einer Mühle zu bestellen.

Rühre und knete nicht zu lang
Sofern ich bei den Rezepten keinen Handmixer empfehle, sollten die Zutaten nur vermengt werden. Ein schnelles Verkneten genügt, bis eine leicht löchrige, aber homogene Masse entstanden ist. Da die Teige sehr viel Quark enthalten und mit Backpulver gebacken werden, sind sie nicht so glatt wie ein Hefeteig.

Antworten auf Fragen

Welche Süße soll ich nehmen?

Beim Thema „Süße" gibt es kein Richtig oder Falsch, nicht den einen Goldenen Weg. Es geht um den eigenen individuellen Geschmack, um Vorlieben, um Überzeugungen – und nicht zuletzt um den Preis. Du bist bei der Auswahl deiner Süßungsmittel völlig frei.

Meine Nährwerte sind mit kalorienfreien Süßungsmitteln berechnet. Bei den Rezepten nenne ich aber zur Orientierung die Süßemenge in Zucker. Auf den Verpackungen der Süßungsmittel ist das Verhältnis zu Zucker angegeben, sodass du einfach umrechnen kannst. Hier eine kleine Orientierung der Verhältnisse gängiger Süßungsmittel zu **100 g Zucker**:

- Steviosid-Pulver   0,3 g
- Streu-/Flüssigsüße auf Cyclamatbasis   16 g
- Stevia-Granulat   65 g
- Xylit   100 g
- Erythrit   130 g

Mein Gebäck geht nicht auf oder ist von innen glitschig, was habe ich falsch gemacht?

Da ich mit minimalen Mehl- und Kleiemengen arbeite, kann jede kleine Abweichung vom Rezept einen Einfluss auf das Backergebnis haben.

Die Konsistenz des Quarks kann eine Rolle spielen; siebe bei etwas flüssigeren Quarksorten das Wasser ab. Benutze Eier der Größe M. Wenn dein Gebäck wiederholt nach dem Backen in sich zusammenfällt, backe es bei 10 Grad niedrigerer Temperatur etwas länger. Die Temperaturunterschiede bei den Öfen können ebenfalls das Backergebnis beeinflussen, wie ich bei meinen Online-Backkursen feststelle.

Der Anteil von Quark und Ei ist im Vergleich zu herkömmlichen Backwaren sehr hoch. Mein Gebäck muss daher oftmals vollständig auskühlen, damit es seine beste Konsistenz erreicht. Bitte achte darauf, du wirst es beim Anschnitt merken.

Antworten auf Fragen

Kann ich auch glutenfrei backen?

Meine Rezepte kannst du auch wunderbar mit glutenfreien Mehlsorten wie Buchweizen-, Mais- oder Kichererbsenmehl backen. Mein Tipp für eine glutenfreie Mehlmischung: 50 % Buchweizenmehl, 25 % Maismehl, 25 % Reismehl. Die Mischung kann 1:1 gegen alle Mehl- und Kleiesorten ausgetauscht werden. Haferkleie und Haferflocken gibt es auch glutenfrei.

Bestimmte Light- und fettreduzierte Milchprodukte können Gluten enthalten. Auch Backpulver wird bisweilen Gluten beigemischt. Bitte prüfe zur Sicherheit die Angaben auf der Verpackung.

Ist auch etwas für Veganer dabei?

Ja! Du kannst Molkereiprodukte durch pflanzliche Alternativen im gleichen Verhältnis ersetzen. Zum Ei gibt es verschiedene Alternativen, hier drei Beispiele:

- 1 EL Sojamehl mit 2 EL Wasser mischen.
- 1 halbe zermatschte Banane.
- 1 EL gemahlene Leinsamen in 3 EL Wasser aufquellen lassen.

Eischnee kann man wunderbar mit aufgefangenem Kichererbsenwasser aus dem Glas herstellen, dem Aquafaba. Um den Eischnee eines Eies zu ersetzen, stellst du 30 ml Kichererbsenwasser kalt und verrührst es dann mit etwas Weinsteinbackpulver und einer Prise Salz mindestens zehn Minuten mit dem Handmixer auf höchster Stufe.

Eischneeersatz kannst du auch mit Leinsamenwasser herstellen. Dazu Leinsamen mit der zehnfachen Menge Wasser aufkochen, 20 Minuten köcheln lassen und die Leinsamen absieben. Das aufgefangene Leinsamengelee kühl aufbewahren.

Kann ich die Rezepte auch mit einem Thermomix backen?

Ich habe keine Erfahrung mit dem Thermomix, aber ich hatte viele Rückmeldungen, dass die Rezepte damit funktionieren. Wichtig dabei: Den Teig nicht lange rühren/kneten!

Brot

Für
6 Buns

Burger Buns

Auf 180° O-/U-Hitze	den Ofen vorheizen.
250 g Magerquark	
1 Ei	in einer Schüssel cremig rühren.
120 g Dinkelmehl Type 1050	
100 g Hafermehl	
o. feingemahlene Haferflocken	
1 TL Salz	
1 Pkg Backpulver	der Reihe nach in eine Schüssel geben und zu einem leicht geschmeidigen Teig kneten.
Etwas Mehl	auf die Arbeitsfläche streuen, darauf den Teig in 6 gleich große Stücke teilen und zu Brötchen formen. Auf einem mit Backpapier ausgelegten Backblech verteilen und mit
1 verquirlten Ei	bepinseln.
	Optional mit
etwas Sesam o. Schwarzkümmel	bestreuen.
	Auf mittlerer Schiene
etwa 35 Minuten	backen.
	Auf einem Rost abkühlen lassen.

Ein Stück (1/6): Kcal: 180 | Fett: 3g | Kohlenhydrate: 26g | Ballaststoffe: 2g | Eiweiß: 11g | BE: 2

Ciabatta

Auf 180° O-/U-Hitze	den Ofen vorheizen.
	In einer Schüssel
300 g Magerquark	mit
1 Ei	cremig rühren.
120 g Dinkelvollkornmehl	
120 g Dinkelmehl Type 630	
1 Pkg Backpulver	
1 gestr. TL Salz	dazugeben und zu einem geschmeidigen Teig kneten.
Etwas Mehl	auf die Arbeitsfläche streuen und den Teig zu einem Laib formen. Auf einem mit Backpapier ausgelegten Backblech auf mittlerer Schiene
etwa 50 Minuten	backen.

Auf einem Rost vollständig auskühlen lassen.

Tipp: Mit unterschiedlichen Zutaten im Teig bekommt das Brot einen besonderen Pfiff. Wie wäre es mit Oliven, Rosinen, Nüssen, Peperoni, Datteln, Feigen oder gerösteten Zwiebeln?

Eine Scheibe (1/12): Kcal: 94 | Fett: 1g | Kohlenhydrate: 14g | Ballaststoffe: 2g | Eiweiß: 6g | BE: 1,2

Knoblauchbaguette

Auf 180° O-/U-Hitze	den Ofen vorheizen.
3 Knoblauchzehen	schälen, klein würfeln.
20 g Halbfettbutter o. -margarine	dazugeben und mit
½ TL Salz	würzen. Alles vermengen, dann beiseitestellen.
200 g Magerquark	mit
150 g Dinkelmehl Type 630	
1 Pkg Backpulver	
1 gestr. TL Salz	der Reihe nach in eine Schüssel geben und zu einem leicht klebrigen Teig kneten.
Etwas Mehl	auf die Arbeitsfläche streuen. Den Teig zu einer langen Flöte formen und auf ein mit Backpapier ausgelegtes Backblech legen.
	Mit einem Messer 2 cm breite Scheiben anschneiden, nicht durchschneiden. In die Spalten jeweils 1 TL Knoblauchbutter geben. Auf mittlerer Schiene
etwa 35 Minuten	backen.
	Auf einem Rost vollständig auskühlen lassen.

Tipp: Wie wäre es mit etwas frischen Kräutern oder Gewürzen in der „Butter"?

Mini-Fladenbrot

Auf 200° O-/U-Hitze	den Ofen vorheizen.
1 Ei	mit
300 g Magerquark	cremig rühren.
150 g Dinkelmehl Type 630	
50 g feingemahlene Haferkleie	
1 gestr. TL Salz	
1 Pkg Backpulver	
1 Pkg Trockenhefe	optional, wenn Hefegeschmack gewünscht ist

dazugeben und mit der Hand oder einem Rührspachtel gut vermengen.

15 g Flohsamenschalen	
50 ml Wasser	in den Teig geben und zügig einrühren.
10 Minuten	ruhen lassen.

Den Teig in 6 Stücke teilen und auf ein mit Backpapier ausgelegtes Backblech legen. Jedes einzelne Teigstück mit nassen Händen zu einem etwa 1 cm dicken Fladen formen, dabei Abstand zu den anderen Fladen halten. Mit den Fingern oder einem Kochlöffelstiel einige Mulden in den Teig drücken.

1 TL Schwarzkümmel	
1 TL Sesam	über die Brote streuen. Auf mittlerer Schiene
etwa 25 Minuten	backen.

Auf einem Rost auskühlen lassen und nach Belieben belegen, füllen, dippen.

Ein Stück (1/6): Kcal: 177 | Fett: 2g | Kohlenhydrate: 24g | Ballaststoffe: 4g | Eiweiß: 12g | BE: 2

Partysonne

Auf 180° O-/U-Hitze	den Ofen vorheizen.
500 g Magerquark	
1 Ei	in einer Schüssel cremig rühren.
200 g Dinkelmehl Type 1050	
100 g Hafermehl	
o. feingemahlene Haferflocken	
100 g feingemahlene Haferkleie	
1 Pkg Backpulver	
1 TL Salz	dazugeben und zu einem geschmeidigen, leicht klebrigen Teig kneten.
Etwas Mehl	auf die Arbeitsfläche streuen. Den Teig etwas länglich ausrollen und in 19 Stücke teilen. Die kleinen Teiglinge zu runden Brötchen formen und auf einem mit Backpapier ausgelegten Backblech, von der Mitte beginnend, zu einer Sonne formen. Dabei darauf achten, dass sie sich leicht berühren.
1 Ei	verquirlen und auf die Brötchen streichen. Beliebig mit
Sesam, Mohn, Leinsamen ...	dekorieren.
	Die Brötchen auf mittlerer Schiene
etwa 40 Minuten	backen.

Für etwa 16 Brötchen

Pizzabrötchen

1 Knoblauchzehe	schälen, fein hacken und mit
100 ml passierten Tomaten	
1 TL Oregano	
Salz und Pfeffer	vermengen und beiseitestellen.
Auf 200° O-/U-Hitze	den Ofen vorheizen.
500 g Magerquark	
1 Ei	in einer Schüssel cremig rühren.
300 g Dinkelmehl Type 1050	
100 g Hafermehl	
o. feingemahlene Haferflocken	
1 Pkg Backpulver	
1 Pkg Trockenhefe	optional, wenn Hefegeschmack gewünscht ist
1 TL Salz	dazugeben und zu einem geschmeidigen, leicht klebrigen Teig kneten.
Etwas Mehl	auf die Arbeitsfläche streuen. Den Teig auf etwa 35x35 cm ausrollen, mit der Tomatensauce bis zum Rand bestreichen.
Eine Handvoll Basilikumblätter	und
40 g Mozzarella o. Streukäse light	auf den Teig streuen. Mit einem Messer den Fladen in etwa 2-3 cm breite Bahnen schneiden. Jede Bahn für sich vorsichtig einrollen und in eine mit Backpapier ausgekleidete
Back- o. Auflaufform (ca. 35x35 cm)	mit etwas Abstand verteilen. Die Brötchen auf mittlerer Schiene
etwa 35-40 Minuten	backen.

Ein Stück (1/16): Kcal: 121 | Fett: 2g | Kohlenhydrate: 19g | Ballaststoffe: 1g | Eiweiß: 8g | BE: 1,5

Rosmarinbrot

Auf 180° O-/U-Hitze	den Ofen vorheizen.
Nadeln von 2 Zweigen Rosmarin	abnehmen und grob hacken, in eine Schüssel geben.
o. 1 EL getrockneten Rosmarin	
300 g Magerquark	
120 g Dinkelmehl Type 1050	
60 g feingemahlene Haferkleie	
1 Pkg Backpulver	
1 TL Salz	dazugeben und zu einem geschmeidigen, leicht klebrigen Teig kneten.
Etwas Mehl	auf die Arbeitsfläche streuen. Den Teig zu einem etwa 1 cm dicken und etwa 25 cm langen Oval formen und auf ein mit Backpapier ausgelegtes Backblech legen. Mit den Fingern oder einem Kochlöffelstiel einige Mulden in den Teig drücken. Mit
1 TL Olivenöl	bestreichen und mit
etwas grobem o. feinem Salz	bestreuen.
	Auf mittlerer Schiene
etwa 20–25 Minuten	backen. Auf einem Rost abkühlen lassen.

Tipp: Das Brot eignet sich auch wunderbar für Brotsticks. Das gebackene Brot in dünne Streifen schneiden, auf einem Backblech verteilen und bei 150° Umluft etwa 15 Minuten kross backen.
Mit frischen Dips genießen.

Eine Scheibe (1/8): Kcal:109| Fett: 1g | Kohlenhydrate: 16g | Ballaststoffe: 2g | Eiweiß: 7g | BE: 1,4

Sonntagsbrot

Auf 180° O-/U-Hitze	den Ofen vorheizen.
	In einer Schüssel
500 g Magerquark	mit
1 Ei	cremig rühren.
360 g Dinkelmehl Type 1050	
1 Pkg Backpulver	
1 TL Salz	dazugeben und zu einem geschmeidigen, leicht klebrigen Teig kneten.
Etwas Mehl	auf die Arbeitsfläche streuen. Den Teig zu einem Laib formen. Auf einem mit Backpapier ausgelegten Backblech auf mittlerer Schiene
etwa 40 Minuten	backen.
	Auf einem Rost vollständig auskühlen lassen.

Für
12 Brote

Stockbrot

500 g Magerquark
300 g Dinkelmehl Type 1050
1 Pkg Backpulver
1 Pkg Trockenhefe
1 TL Salz

optional, wenn Hefegeschmack gewünscht ist

in eine Schüssel geben und zu einem geschmeidigen, leicht klebrigen Teig kneten.

Etwas Mehl

auf die Arbeitsfläche streuen. Den Teig in 12 Stücke teilen. Jedes Teigstück etwa 20 cm lang rollen und vorsichtig um

12 feuerfeste Spieße

wickeln. Über offenes Feuer halten und immer wieder den Spieß drehen, bis der Teig von innen nicht mehr roh ist.

Tipp: Alternativ kann man die Spieße auch im Ofen zubereiten. Dazu den Ofen auf 200° O-/U-Hitze vorheizen und auf mittlerer Schiene etwa 20 Minuten backen.

Ein Stück (1/12): Kcal: 114 | Fett: 1g | Kohlenhydrate: 19g | Ballaststoffe: 1g | Eiweiß: 8g | BE: 1,6

Zwiebelscones

2 mittelgroße Zwiebeln 1 TL Pflanzenöl	schälen, klein würfeln und mit in einer beschichteten Pfanne goldbraun braten. Beiseitestellen.
Auf 200° O-/U-Hitze	den Ofen vorheizen.
1 Ei 50 ml fettarme Milch 120 g Magerquark	in einer Schüssel cremig rühren.
200 g Dinkelmehl Type 1050 50 g feingemahlene Haferkleie Süße für 10 g Zucker 1 gestr. TL Salz 1 Pkg Backpulver	dazugeben und zu einem leicht klebrigen Teig vermengen. Die Zwiebeln vorsichtig und nicht zu lange mit einkneten.
Etwas Mehl	auf die Arbeitsfläche streuen und den Teig etwa 2 cm dick mit einem Nudelholz ausrollen. Mit
Form o. Glas mit ca. 7 cm ⌀	insgesamt 10-12 Formen ausstechen und auf einem mit Backpapier ausgelegten Backblech verteilen. Mit
1 Eigelb etwa 25 Minuten	bestreichen und auf mittlerer Schiene backen.

Ein Stück (1/12): Kcal: 93| Fett: 2g | Kohlenhydrate: 14g | Ballaststoffe: 1g | Eiweiß: 5g | BE: 1,2

Salate

Brotsalat

Auf 180° O-/U-Hitze	den Ofen vorheizen.
2 alte wölkchenleichte Brötchen	idealerweise Quarkstangen, Sonntagsbrötchen oder Rosenbrötchen würfeln und in eine große Schüssel geben.
1 TL Salz	
1 TL Knoblauchgranulat	
50 ml Wasser	
1 TL Olivenöl	der Reihe nach dazugeben und zügig vermengen. Auf ein mit Backpapier ausgelegtes Backblech geben und auf mittlerer Schiene
etwa 20 Minuten	kross backen. Beiseitestellen.
3 mittelgroße Tomaten	waschen, vom Strunk befreien und grob würfeln.
1 milde grüne Peperoni	waschen und in Ringe schneiden.
1 rote Zwiebel	schälen und länglich in Streifen schneiden. Das Gemüse mit
1 TL Olivenöl	und
2 EL Balsamico-Essig	
etwas Salz	in eine große Schüssel geben und vermengen. Das Brot und
100 g Rucola	hinzufügen und vorsichtig vermengen.

Tipp: Die Rezepte für die wölkchenleichten Brötchen stehen in den Büchern der Reihe „Abnehmen mit Brot und Kuchen".

Coleslaw

Einen halben Kopf Weißkohl	hobeln.
2 TL Salz	dazugeben, vermengen und
½ Stunde	stehen lassen. Die Flüssigkeit abgießen, restliche Flüssigkeit mit der Hand auswringen und den Kohl in eine Schüssel geben.
200 g Möhren	schälen und raspeln.
1 mittelgroße Zwiebel	schälen, fein würfeln und mit den Möhren zum Kohl geben.
250 g griech. Joghurt bis 2% Fett	
60 g Schmand	
Süße für 20 g Zucker	
2 TL Senf	
7 EL Weißweinessig	
1 TL Salz	
1 TL Pfeffer	hinzufügen und mit dem Salat gut vermengen. Mindestens
3 Stunden	durchziehen lassen.

Eine Portion (1/10): Kcal: 61 | Fett: 2g | Kohlenhydrate: 7g | Ballaststoffe: 3g | Eiweiß: 4g | BE: 0,2

Cremiger Gabelnudelsalat

200 g TK-Erbsen	kochen und abkühlen lassen.
oder 1 Dose Erbsen (nicht kochen)	
1 Paprika	waschen, entkernen und klein würfeln.
1 mittelgroße Zwiebel	schälen und ebenfalls klein würfeln.
100 g Gewürzgurken	in dünne Scheiben schneiden. Alles zusammen in eine große Schüssel geben.
250 g griech. Joghurt bis 2% Fett	
1 EL Schmand	
1 TL Senf	
4 EL Weißweinessig	
Süße für 10 g Zucker	
Salz und Pfeffer	zum Gemüse geben und vermengen.
Gabelnudeln	von Seite 52 kochen, ohne Anbraten zum Gemüse-Joghurt-Mix geben und zügig vermengen. Mindestens
1 Stunde	durchziehen lassen.

Eine Portion (1/6): Kcal: 150 | Fett: 2g | Kohlenhydrate: 21g | Ballaststoffe: 3g | Eiweiß: 12g | BE: 1,2

Farmersalat

200 g griech. Joghurt bis 2% Fett
60 g Schmand
Süße für 20 g Zucker
1 EL Senf
Saft einer halben Bio-Zitrone
½ TL Salz
½ TL Pfeffer   in eine Salatschüssel geben und mit einem Schneebesen
gut verrühren.

250 g Möhren
200 g Knollensellerie   und
1 Apfel   schälen und raspeln.
150 g Weißkohl   fein hobeln und alles zusammen in die Schüssel zur
Creme geben.
Gründlich vermengen und mit
Salz und Pfeffer   abschmecken.
Mindestens
2 Stunden   ziehen lassen.

Eine Portion (1/6): Kcal: 82 | Fett: 3g | Kohlenhydrate: 10g | Ballaststoffe: 4g | Eiweiß: 5g | BE: 0,5

Fenchel-Linsen-Salat

1 Dose Linsen (ca. 265 g)	gut abtropfen und in eine große Schüssel geben.
1 Fenchelknolle	waschen und in dünne Scheiben schneiden.
1 mittelgroßen Apfel	waschen und mit der Schale reiben.
1 mittelgroße Zwiebel	schälen und in dünne, längliche Scheiben schneiden.
100 g Feldsalat	waschen und mit dem Fenchel, Apfel und der Zwiebel zu den Linsen geben.

4 EL Apfelessig	
1 EL Olivenöl	
Süße für 10 g Zucker	
Saft einer Bio-Orange	
Salz und Pfeffer	in ein hohes Gefäß geben und mit einem Schneebesen gut verrühren. Über den Salat in der Schüssel gießen. Alles vorsichtig vermengen. Vor dem Servieren
30 g grob gehackte Walnüsse	auf dem Salat verteilen.

Kartoffel-Blumenkohl-Salat

400 g Blumenkohl	waschen und in Röschen schneiden. Auf einem mit Backpapier ausgelegten Backblech verteilen und mit
etwas Salz	würzen. Bei
180° O-/U-Hitze	
etwa 25 Minuten	garen, sodass sie leicht bräunliche Stellen bekommen.
500 g festkochende Kartoffeln	unterdessen mit reichlich Wasser und zugedeckt
etwa 20 Minuten	kochen. Anschließend abgießen und mit kaltem Wasser abschrecken. Die Kartoffeln pellen, etwa 1–2 cm dick würfeln und in eine große Schüssel geben. Die Blumenkohlröschen dazugeben.
1 große Zwiebel	schälen und klein würfeln. In ein hohes Gefäß mit
250 ml Gemüsebrühe	
3 EL Apfelessig	
1 EL Senf	geben und gut verrühren. Diese Sauce über die noch warmen Kartoffeln und den Blumenkohl gießen, vorsichtig vermengen und
2 Stunden	ziehen lassen. Unterdessen
1 rote Paprika	waschen, entkernen und würfeln.
2 rote Zwiebeln	schälen und länglich schneiden.
½ Bund Petersilie	waschen und die Blätter grob schneiden. Alles zu den durchgezogenen Kartoffeln hinzufügen, mit
Salz und Pfeffer	würzen und vorsichtig vermengen. Mit
Petersilie	dekorieren.

Tipp: Angebratenen Magerspeck beim Ziehen der Kartoffeln hinzufügen. Auch 2 hartgekochte Eier machen sich in diesem Salat sehr gut.

Eine Portion (1/6): Kcal: 82 | Fett: 1g | Kohlenhydrate: 14g | Ballaststoffe: 4g | Eiweiß: 3g | BE: 0,8

Kartoffel-Kohlrabi-Salat

500 g festkochende Kartoffeln	mit
1 TL Salz	mit Wasser bedeckt
etwa 20 Minuten	bissfest kochen, abkühlen lassen. Während des Abkühlens
300 g Kohlrabi	schälen, die Knollen länglich vierteln und in dünne Scheiben schneiden. In einem Topf mit
1 l Gemüsebrühe	
etwa 15 Minuten	bissfest kochen. Die Brühe abgießen und in einem Behälter auffangen. Die Kartoffeln pellen und ebenfalls in Scheiben schneiden.
	Die Kartoffel- und Kohlrabischeiben mit fein gewürfelten
100 g Gewürzgurken	in eine große Schüssel geben.
1 mittelgroße Zwiebel	schälen, würfeln und mit
1 EL Pflanzenöl	in einem Topf glasig anbraten. Mit einem Schuss der abgefangenen Brühe ablöschen, vom Herd nehmen und beiseitestellen. Etwas abkühlen lassen und
50 g Schmand	
200 g griech. Joghurt bis 2% Fett	
1 EL Senf	
Süße für 20 g Zucker	
1 gestr. TL Salz	
½ TL Pfeffer	zu den Zwiebeln geben. Anschließend mit einem Schneebesen gut verrühren und in die Salatschüssel geben. Vorsichtig vermengen und
2 Stunden	ziehen lassen.

Eine Portion (1/6): Kcal: 115 | Fett: 3g | Kohlenhydrate: 14g | Ballaststoffe: 3g | Eiweiß: 7g | BE: 1,0

Mediterraner Gabelnudelsalat

180 g Magerquark	
100 g Dinkelmehl Type 1050	
½ TL Salz	in eine Schüssel geben und zu einem Teig kneten.
Etwas Mehl	auf die Arbeitsfläche streuen, den Teig darauf in 4 gleich große Stücke teilen. Die Teigstücke zu jeweils etwa 30 cm langen und etwa 1 cm dicken Schlangen rollen. Jede Schlange mit einer Gabel gleichmäßig quer flachdrücken, sodass „Gabelrillen" entstehen. Von der Schlange gabelbreite Nudeln abschneiden.
2 l Wasser	in einem mittelgroßen Topf mit
1 TL Salz	zum Kochen bringen. Die Nudeln vorsichtig ins köchelnde Wasser geben. Wenn die Nudeln an der Oberfläche schwimmen, sind sie gar. Die Nudeln mit einer Schöpfkelle herausnehmen.
1 EL Pflanzenöl	in eine große beschichtete Pfanne geben und erwärmen. Die Nudeln darin leicht anbraten. Die warmen Nudeln in eine große Salatschüssel geben.
100 g getrocknete Tomaten	mit heißem Wasser aufgießen und 10 Minuten ziehen lassen. Wasser absieben, die Tomaten klein schneiden und zu den Nudeln geben.
4 Frühlingszwiebeln	waschen und in Ringe schneiden, mit gewaschenen
200 g Rucola	und halbierten
100 g Cocktailtomaten	zum Salat geben. Mit
1 EL Olivenöl	
3 EL Balsamico-Essig	
Salz und Pfeffer	würzen, vorsichtig vermengen und zum Schluss
50 g gehobelten Parmesan	darüberstreuen und ganz leicht unterheben.

Eine Portion (1/6): Kcal: 182 | Fett: 6g | Kohlenhydrate: 20g | Ballaststoffe: 4g | Eiweiß: 11g | BE: 1,3

Ofengemüse-Salat

1 mittelgroße Zucchini	und
1 mittelgroße Aubergine	waschen, Stiel entfernen, halbieren und in etwa 0,5 cm dicke Scheiben schneiden.
1 gelbe Paprika	waschen, entkernen und in längliche Streifen schneiden.
1 rote Zwiebel	schälen und in längliche Scheiben schneiden. Das ganze Gemüse in eine große Schüssel geben.
2 EL Olivenöl	
1 TL Salz	dazugeben und gründlich vermengen. Alles in einen großen Bräter (oder Backblech) füllen und bei
200° O-/U-Hitze	
etwa 25-30 Minuten	backen. Das abgekühlte Gemüse auf einen länglichen Servierteller geben.
1 Kugel Mozzarella light	würfeln und auf dem Salat verteilen.
Etwa 6 Zweige Basilikum	grob schneiden,
10 Cocktailtomaten	waschen, halbieren und ebenfalls auf dem Gemüse verteilen.
2 EL Balsamico-Essig	über den Salat träufeln. Mit
Salz und Pfeffer	abschmecken.

Türkischer Bulgursalat

200 g feinen Bulgur	in ein Sieb geben, kurz auswaschen, abtropfen und in eine Schüssel geben.
125 ml kochendes Wasser	darüber gießen, mit einem Kochlöffel verrühren und zugedeckt
etwa 20 Minuten	quellen lassen. Unterdessen
4 Stangen Frühlingszwiebeln	putzen und in feine Ringe schneiden.
100 g Cocktailtomaten	fein würfeln.
2 grüne Spitzpaprika	entkernen und sehr fein würfeln.
½ Salatgurke	schälen, entkernen und auch fein würfeln.
1 Bund Petersilie	
½ Bund Minze	waschen, fein hacken und alles beiseitestellen. Zum Bulgur
50 g Tomatenmark	
2 EL Olivenöl	
Saft einer Bio-Zitrone	dazugeben und mit der Hand sehr gut vermengen. Das gewürfelte und geschnittene Gemüse dazugeben, vermengen und mit
Salz und Pfeffer	abschmecken.
	Mit vielen
Gurkenscheiben und Salatblättern	servieren.

Eine Portion (1/8): Kcal: 128 | Fett: 3g | Kohlenhydrate: 20g | Ballaststoffe: 4g | Eiweiß: 4g | BE: 1,6

Fingerfood

Bruschetta

Für etwa 12 Stück

5 mittelgroße Tomaten — waschen, vom Strunk befreien und fein würfeln.
2 Knoblauchzehen — schälen, ebenfalls fein würfeln.
Etwa 10 Blätter Basilikum — fein schneiden und zusammen mit den Tomaten und dem Knoblauch in eine Schüssel geben.

1 TL Olivenöl
Salz und Pfeffer — dazugeben und ziehen lassen. Währenddessen
Ciabatta — nach dem Rezept auf Seite 18 backen und anschließend vollständig auskühlen lassen. In 1,5 cm dicke Scheiben schneiden und auf einem mit Backpapier ausgelegten Backblech verteilen.

1 EL Olivenöl — auf die Scheiben pinseln. Bei
160° O-/U-Hitze — im oberen Drittel des Ofens
etwa 10 Minuten — kross backen.

Die Scheiben auf einem Servierteller platzieren und mit dem Tomatenmix belegen. Mit
grobem Pfeffer und Basilikum — dekorieren.

Eine Scheibe (1/12): Kcal: 118 | Fett: 2g | Kohlenhydrate: 16g | Ballaststoffe: 2g | Eiweiß: 7g | BE: 1,3

Herzhafte Partymuffins

Für
12 Muffins

½ rote Paprika	waschen, entkernen und würfeln.
1 mittelgroße Zwiebel	schälen und würfeln.
½ Bund Basilikum	waschen und fein hacken. Alles beiseitestellen.
Auf 180° O-/U-Hitze	den Ofen vorheizen.
3 Eier	
200 g Magerquark	
20 g Halbfettbutter oder -margarine	in eine Schüssel geben und mit einem Handmixer auf höchster Stufe cremig rühren. Nach und nach
80 g Dinkelvollkornmehl	
70 g Hafermehl	
oder feingemahlene Haferflocken	
2 EL Tomatenmark	
1 Pkg Backpulver	
1 TL Salz	
1 TL Paprikapulver	
1 TL Majoran	
1 TL Oregano	dazugeben und gut verrühren.
150 g Mais aus dem Glas/der Dose	mit dem vorbereiteten Gemüse zum Teig geben und vorsichtig vermengen. Eine
12er Silikon-Muffinform	auf ein Backblech stellen und mit dem Teig befüllen. Im unteren Drittel des Ofens
etwa 45 Minuten	backen.
	Die Muffins erst 10 Minuten in der Form und danach auf einem Rost abkühlen lassen.

Ein Stück (1/12): Kcal: 106 | Fett: 3g | Kohlenhydrate: 12g | Ballaststoffe: 2g | Eiweiß: 6g | BE: 0,9

Käse-Kräuter-Hörnchen

Für 12 Hörnchen

Auf 200° O-/U-Hitze	den Ofen vorheizen.
1 Kugel Mozzarella light	absieben, klein würfeln und
30 g Streukäse light	hinzufügen.
½ Bund Petersilie	
½ Bund Basilikum	waschen und fein schneiden. Zum Käse geben und mit
etwas Salz und Paprikapulver	würzen. Das Käse-Kräuter-Gemisch beiseitestellen.
200 g Magerquark	
1 Ei	in eine Schüssel geben und cremig rühren.
1 EL Rapsöl	
250 g Dinkelmehl Type 1050	
1 gestr. TL Salz	
1 Pkg Backpulver	der Reihe nach dazugeben und zu einem geschmeidigen Teig kneten.
	Den Teig halbieren und jeweils zu einer Kugel formen.
Etwas Mehl	auf die Arbeitsfläche streuen und die Teigkugeln jeweils zu Fladen mit etwa 30 cm Durchmesser ausrollen. Anschließend wie eine Pizza in jeweils 6 Stücke schneiden.
	Das Käse-Kräuter-Gemisch auf der breiten Seite der Dreiecke verteilen. Von der breiten Seite beginnend jeweils zu einem Hörnchen rollen und auf ein mit Backpapier ausgelegtes Backblech legen. Die Hörnchen mit
1 Eigelb	bestreichen.
Etwa 20 Minuten	backen. Warm oder kalt genießen.

Ein Stück (1/12): Kcal: 123 | Fett: 3g | Kohlenhydrate: 15g | Ballaststoffe: 1g | Eiweiß: 8g | BE: 1,3

Knackige Kichererbsen

Auf 180° O-/U-Hitze	den Ofen vorheizen.
1 Dose Kichererbsen (265 g)	abspülen, absieben und in eine Schüssel geben. Mit
2 TL Currypulver	
1 TL Cayennepfeffer	
1 TL Salz	würzen und ordentlich vermengen. Die Kichererbsen auf einem mit Backpapier ausgelegten Backblech verteilen. Auf mittlerer Schiene
etwa 45 Minuten	backen. Herausholen und abkühlen lassen.

Würzige Bohnen

Auf 180° O-/U-Hitze	den Ofen vorheizen.
1 Dose Kidneybohnen (255 g)	abspülen, absieben und in eine Schüssel geben. Mit
1 TL gemahlenem Koriander	
1 TL Kreuzkümmel	
1 TL Salz	würzen und ordentlich vermengen. Die Bohnen auf einem mit Backpapier ausgelegten Backblech verteilen. Auf mittlerer Schiene
etwa 25 Minuten	backen. Herausholen und abkühlen lassen.

Erbsen: Eine Port. (1/2): Kcal: 167 | Fett: 4g | Kohlenhydrate: 23g | Ballaststoffe: 11g | Eiweiß: 9g | BE: 2

Bohnen: Eine Port. (1/2): Kcal: 139 | Fett: 1g | Kohlenhydrate: 18g | Ballaststoffe: 6g | Eiweiß: 12g | BE: 1,5

Für
16 Burger

Mini-Burger

Den Teig für Burger Buns	nach dem Rezept auf Seite 16 vorbereiten. Den Teig in 16 Stücke teilen und nur
25 Minuten	bei gleicher Temperatur backen. Während sie abkühlen
250 g Rindertatar	mit
Salz, Pfeffer, Zwiebelgranulat	würzen und in 16 kleine Patties formen. In einer Pfanne mit
1 EL Pflanzenöl	anbraten und anschließend vom Herd nehmen.
3 Schalotten	schälen und in Ringe schneiden.
3 kleine Tomaten	waschen und in Scheiben schneiden.
100 g Rucola	waschen.
4 EL Gewürzgurkenscheiben	sowie Gemüse und Salat bereitstellen. Für die Sauce
2 EL Tomatenmark	mit
3 EL Wasser	
1 TL Currypulver	
Süße für 5 g Zucker	
1 TL Balsamico-Essig	
1 Prise Salz	vermengen. Die abgekühlten Brötchen halbieren und mit der Sauce bestreichen. Das Fleisch, den Salat und das Gemüse schichten. Jeweils mit
einem Spieß	befestigen.

Hinweis: Auf dem Bild sind die Burger mit der Paprikapaste von Seite 98 bestrichen.

Ein Stück (1/16): Kcal: 100 | Fett: 2g | Kohlenhydrate: 11g | Ballaststoffe: 1g | Eiweiß: 8g | BE: 0,8

Mini-Flammkuchen

Für 14 Stück

2 mittelgroße rote Zwiebeln	schälen, in Ringe schneiden und beiseitestellen.
Etwa 4 Zweige Petersilie	und
etwas Schnittlauch	waschen, fein hacken und in eine Schale geben.
3 EL Magerquark	und
2 EL Schmand	zu den Kräutern geben, mit
etwas Salz	abschmecken und verrühren. Ebenfalls beiseitestellen.
Auf 220° O-/U-Hitze	den Ofen vorheizen.
220 g Magerquark	
200 g Dinkelmehl Type 1050	
½ Pkg Backpulver	
½ TL Salz	der Reihe nach in eine Schüssel geben und zu einem geschmeidigen Teig kneten.
Etwas Mehl	auf die Arbeitsfläche streuen und den Teig mit einem Nudelholz ganz dünn ausrollen. Mit einer
Ausstechform (Ø 10 cm)	etwa 12-14 Fladen ausstechen, dabei den Teig ggf. immer wieder kneten und ausrollen. Auf einem (oder zwei) mit Backpapier ausgelegten Backblech(en) verteilen. Die Creme, die Zwiebeln und
50 g Magerspeck	auf dem Flammkuchen verteilen. Auf mittlerer Schiene
etwa 15 Minuten	backen.

Tipp: Die Flammkuchen kann man auch hervorragend wie eine Pizza belegen.

Ein Stück (1/14): Kcal: 71 | Fett: 1g | Kohlenhydrate: 11g | Ballaststoffe: 1g | Eiweiß: 5g | BE: 0,9

Mini-Hotdogs

Auf 180° O-/U-Hitze	den Ofen vorheizen.
200 g Magerquark	
1 Ei	in einer Schüssel cremig rühren.
200 g Dinkelmehl Type 1050	
½ TL Salz	
½ Pkg Backpulver	der Reihe nach dazugeben und zu einem leicht klebrigen Teig vermengen.
Etwas Mehl	auf die Arbeitsfläche streuen und darauf den Teig in 12 gleich große Stücke teilen. Diese nacheinander zu kleinen Fladen ausrollen.
6 fettarme Geflügelwürstchen	halbieren und auf die Fladen legen. Die Würstchen jeweils mit dem Teig umschließen. Mit der Naht nach unten auf ein mit Backpapier ausgelegtes Backblech legen. Den Teig mit einem Messer von einem Ende zum anderen einschneiden, sodass der Teig getrennt wird und die Würstchen sichtbar sind.
etwa 30 Minuten	Auf mittlerer Schiene backen. Nach dem Backen mit zuckerarmem Ketchup, Gewürzgurken und Zwiebeln belegen.
	Warm oder kalt genießen.

Tipp: Das Rezept zu passendem Ketchup ist im Buch „Abnehmen mit Brot und Kuchen Teil 2".

Ein Stück (1/12): Kcal: 76 | Fett: 1g | Kohlenhydrate: 12g | Ballaststoffe: 1g | Eiweiß: 5g | BE: 1

Party-Quiches

50 g getrocknete Tomaten	in einer Schale mit heißem Wasser bedecken und
15 Minuten	einweichen. Dann absieben, klein schneiden, beiseitestellen.
1 gelbe Paprika	waschen, entkernen und würfeln.
5 Frühlingszwiebeln	schälen und in Ringe schneiden. Zusammen mit der Paprika und
1 TL Pflanzenöl	in einer beschichteten Pfanne leicht anbraten. Vom Herd nehmen, die getrockneten Tomaten dazugeben und beiseitestellen.
Auf 180° O-/U-Hitze	den Ofen vorheizen.
200 g Magerquark	
1 Ei	in einer Schüssel cremig rühren.
20 g Halbfettbutter o. -margarine	
200 g Dinkelmehl Type 1050	
½ TL Salz	
1 Pkg Backpulver	der Reihe nach zum Quark-Ei-Gemisch geben und zu einem geschmeidigen Teig kneten. Den Teig auf eine
12er Silikon-Muffinform	verteilen. Den Teig mit den Händen jeweils dünn auf Boden und Rand drücken und das Gemüse in die Mulden füllen.
2 Eier	
100 g Magerquark	
1 EL Schmand	
30 g Reibekäse light	in ein hohes Gefäß geben und mit
Salz, Pfeffer und Paprikapulver	würzen und verrühren. Löffelweise die Mischung auf den Mini-Quiches verteilen. Auf mittlerer Schiene
etwa 35 Minuten	backen. Nach 5 Minuten aus der Form nehmen.

Ein Stück (1/12): Kcal: 135 | Fett: 4g | Kohlenhydrate: 16g | Ballaststoffe: 2g | Eiweiß: 8g | BE: 1,2

Poaça mit Hackfleisch

1 mittelgroße Zwiebel	schälen und zusammen mit
½ Paprika	fein würfeln. Mit
1 EL Pflanzenöl	in einer beschichteten Pfanne glasig anbraten.
200 g Tatar	
o. zu Hack verarbeitetes Gulasch	dazugeben und so lange anbraten, bis die Flüssigkeit verdunstet ist. Mit
Salz, Pfeffer, Paprikapulver, Thymian	kräftig würzen. Beiseitestellen.
Auf 180° O-/U-Hitze	den Ofen vorheizen.
300 g Magerquark	
1 Ei	in einer Schüssel cremig rühren.
250 g Dinkelmehl Type 1050	
½ TL Salz	
1 Pkg Backpulver	der Reihe dazugeben geben und zu einem geschmeidigen Teig kneten.
Etwas Mehl	auf die Arbeitsfläche streuen und den Teig darauf in 12 gleichgroße Bällchen teilen. Die Bällchen zu etwa 10 cm breiten Fladen ausrollen. Jeweils 2 TL Fleisch in die Mitte des Fladens geben und den Fladen zuklappen, sodass ein Halbkreis entsteht. Die Enden mit den Fingern oder einer Gabel festdrücken und auf einem mit Backpapier ausgelegten Backblech verteilen. Mit
1 Eigelb	bepinseln. Auf Wunsch mit
etwas Sesam	bestreuen. Auf mittlerer Schiene
etwa 35 Minuten	backen.

Tipp: Leckere Füllungen sind auch Feta, Auberginencreme, Pilze, Zwiebeln u.v.m.

Ein Stück (1/12): Kcal: 127 | Fett: 3g | Kohlenhydrate: 16g | Ballaststoffe: 1g | Eiweiß: 10g | BE: 1,3

Würzige Pilzkringel

Für
14 Stück

Auf 200° O-/U-Hitze	den Ofen vorheizen.
Pilzcreme	nach Anleitung auf Seite 104 zubereiten. Beiseitestellen.
200 g Magerquark	
1 Ei	in einer Schüssel cremig rühren.
200 g Dinkelmehl Type 1050	
50 g feingemahlene Haferkleie	
1 gestr. TL Salz	
1 Pkg Backpulver	der Reihe nach dazugeben und zu einem geschmeidigen Teig kneten.
	Den Teig halbieren und jeweils zu einer Kugel formen.
Etwas Mehl	auf die Arbeitsfläche streuen und die Teigkugeln zu jeweils etwa 25x25 cm großen Quadraten ausrollen. Die Pilzcreme auf den ersten Fladen bis zum Rand streichen und mit
½ TL Pfeffer	bestreuen. Den zweiten Fladen darüberlegen. Mit einem Messer 2 cm breite Bahnen schneiden. Die Bahnen einzeln vorsichtig in die Hand nehmen, an beiden Enden festhalten und drehen, sodass eine Schraube entsteht. Die Enden miteinander verbinden und auf ein mit Backpapier ausgelegtes Backblech legen. Mit
1 Eigelb	bepinseln. Auf Wunsch mit
etwas Sesam	bestreuen.
Etwa 20 Minuten	backen.

Kalt oder warm genießen.

Ein Stück (1/14): Kcal: 103 | Fett: 3g | Kohlenhydrate: 13g | Ballaststoffe: 2g | Eiweiß: 5g | BE: 1,1

Aufstriche & Dips

Auberginencreme

Auf 250° O-/U-Hitze	den Ofen vorheizen.
2 mittelgroße Auberginen	waschen, den Strunk abschneiden, der Länge nach halbieren und mit der Schnittstelle nach unten auf ein mit Backpapier ausgelegtes Backblech legen.
etwa 30 Minuten	Auf mittlerer Schiene garen. Die Haut muss schön knackig und leicht angebrannt sein. Die Haut abziehen und das Fruchtfleisch heiß in eine Schüssel geben.
2 Knoblauchzehen	schälen und mit
200 g griech. Joghurt bis 2% Fett	
1 EL Olivenöl	zu den Auberginen geben und mit einem Pürierstab fein pürieren.
½ Bund Petersilie	waschen, fein schneiden und mit
1 gestr. TL Salz	zum Püree geben und vermengen.

Eine Portion (1/6): Kcal: 55 | Fett: 2g | Kohlenhydrate: 5g | Ballaststoffe: 2g | Eiweiß: 5g | BE: 0,2

BBQ-Sauce

1 Knoblauchzehe	und
1 mittelgroße Zwiebel	schälen, grob würfeln und mit
1 EL Pflanzenöl	in einem kleinen Topf anbraten. Mit
20 ml Worcester-Sauce	und
10 ml Balsamico-Essig	ablöschen.

300 ml passierte Tomaten	
Süße für 30 g Zucker	
1 Lorbeerblatt	dazugeben und bei niedriger Hitze
etwa 15 Minuten	köcheln lassen.
	Das Lorbeerblatt herausnehmen und den Topf vom Herd nehmen.
1 EL scharfen Senf	dazugeben und mit einem Pürierstab fein pürieren. Mit
1-2 TL Tabasco	
1 TL Salz	
1 TL Curry	
2 TL geräuchertem Paprikapulver	
½ TL Pfeffer	
½ TL Kreuzkümmel	
etwas Muskatnuss	abschmecken.

Eine Portion (1/12): Kcal: 22 | Fett: 1g | Kohlenhydrate: 2g | Ballaststoffe: 1g | Eiweiß: 1g | BE: 0,2

Mediterrane Fetacreme

100 g Feta light	in einer großen Schale mit einer Gabel zerbröseln, hinzufügen. Mit
200 g fettarmen Frischkäse	
1 EL Paprikapulver rosenscharf	
1 TL Thymian	
1 TL Majoran	
1 TL Oregano	
Salz und Pfeffer	würzen und alles gut vermengen. Vor dem Servieren
mind. 1 Stunde	ziehen lassen.
1 Knoblauchzehe	*optional dazugeben.*

Tomaten-Parmesan-Creme

50 g getrocknete Tomaten	klein hacken, in einer Schale mit heißem Wasser begießen und
15 Minuten	ziehen lassen. Anschließend das Wasser abgießen.
200 g fettarmen Frischkäse	zu den Tomaten geben.
100 g Parmesan	hobeln und ebenfalls dazugeben.
1 Knoblauchzehe	schälen, fein würfeln und mit
2 EL Balsamico-Essig	ebenfalls dazugeben. Mit
Salz und Pfeffer	würzen.

Feta: Eine Port. (1/6): Kcal: 57 | Fett: 2g | Kohlenhydrate: 3g | Ballaststoffe: 1g | Eiweiß: 9g | BE: 0,2

Parmesan: Eine Port. (1/6): Kcal: 100 | Fett: 5g | Kohlenhydrate: 4g | Ballaststoffe: 2g | Eiweiß: 10g | BE: 0,2

Guacamole

3 reife Avocados	aufschneiden, das Fruchtfleisch herausholen und in ein hohes Gefäß geben.
1 Knoblauchzehe	und den
Saft einer Bio-Zitrone	dazugeben und mit einem Pürierstab fein pürieren.
1 mittelgroße Tomate	
optional eine Chilischote	waschen, entkernen, fein würfeln und zum Püree geben. Mit
Salz und Pfeffer	würzen.

Salsa-Sauce

1 mittelgroße Zwiebel	schälen, fein würfeln.
2 rote Paprika	und
1 Chilischote	waschen, entkernen, fein würfeln und zusammen mit den Zwiebeln in einer Pfanne mit
1 EL Pflanzenöl	leicht anbraten, bis die Zwiebeln glasig werden.
350 g gehackte Tomaten	und
3 EL Apfelessig	dazugeben und mit
Salz, Pfeffer und Kreuzkümmel	würzen.
1 Minute	köcheln lassen und die Pfanne vom Herd nehmen.
½ Bund Koriander	fein schneiden und zur Salsa geben.

Guacamole: Eine Portion (1/8): Kcal: 94 | Fett: 8g | Kohlenhydrate: 1g | Ballaststoffe: 3g | Eiweiß: 1g | BE: 0

Salsa: Eine Portion (1/10): Kcal: 32 | Fett: 1g | Kohlenhydrate: 5g | Ballaststoffe: 0g | Eiweiß: 1g | BE: 0,2

Knoblauchsauce

3 Knoblauchzehen	schälen und in ein hohes Gefäß geben.
220 g griech. Joghurt 2% Fett	
20 g Schmand	
1 TL Senf	
Süße für 20 g Zucker	
1 EL Zitronensaft	dazugeben und mit einem Pürierstab pürieren. Mit
Salz und Pfeffer	abschmecken.

Obazda

200 g Camembert light	und
100 g fettarmen Frischkäse	in eine Schale geben und mit einer Gabel zerdrücken.
1 kleine Zwiebel	sehr fein würfeln und mit
3 EL Bier	
1 TL Kümmelsamen	
1 EL Paprikapulver edelsüß	zu dem Käse geben und cremig rühren. Mit
Salz und Pfeffer	würzen.

Knoblauchs.: Eine Port. (1/6): Kcal: 36 | Fett: 2g | Kohlenhydrate: 3g | Ballaststoffe: 0g | Eiweiß: 3g | BE: 0,3

Obazda: Eine Port. (1/6): Kcal: 94 | Fett: 6g | Kohlenhydrate: 3g | Ballaststoffe: 1g | Eiweiß: 10g | BE: 0,2

Leichte Kräuterbutter

250 g Halbfettbutter o. -margarine | in eine Schüssel geben.
½ Bund Petersilie | und
½ Bund Basilikum | waschen, die Blätter zupfen und fein hacken.
½ Bund Schnittlauch | in kleine, feine Ringe schneiden und alle Kräuter zur Butter/Margarine geben.

Einen Spritzer Zitronensaft
½ TL Salz, etwas Pfeffer | zur Kräuterbutter geben und mit einem Löffel gut vermengen. Vor dem Servieren
1 Stunde | ziehen lassen.

Leichte Knoblauchbutter

250 g Halbfettbutter o. -margarine | in eine Schüssel geben.
3 Knoblauchzehen | schälen, ganz fein würfeln und hinzugeben oder gleich in die Butter/Margarine pressen.

Einen Spritzer Zitronensaft
½ TL Salz | zur Knoblauchbutter geben und mit einem Löffel gut vermengen. Vor dem Servieren
1 Stunde | ziehen lassen.

Kräuter: Eine Port. (1/10): Kcal: 102 | Fett: 10g | Kohlenhydrate: 0g | Ballaststoffe: 0g | Eiweiß: 0g | BE: 0
Knoblauch: Eine Port. (1/10): Kcal: 101 | Fett: 10g | Kohlenhydrate: 0g | Ballaststoffe: 0g | Eiweiß: 0g | BE: 0

Curry-Mango-Dip

350 g Mango *frisch oder TK (aufgetaut)*	würfeln und in eine Schüssel geben.
1 mittelgroße Zwiebel *1 EL Pflanzenöl* *2 EL Balsamico-Essig*	schälen, fein würfeln und mit in einer Pfanne glasig anbraten. Mit ablöschen, vom Herd nehmen und zur Mango und den Zwiebeln geben.
Süße für 30 g Zucker	hinzufügen und mit einem Pürierstab fein pürieren.
	Mit
1 EL Currypulver *Salz, Pfeffer und Paprikapulver*	abschmecken.

Möhrenzaziki

150 g geraspelte Möhren	in einer Pfanne mit
1 EL Pflanzenöl	anbraten, bis die Möhren ihre Farbe ändern. Sie werden etwas blass. Die Pfanne beiseitestellen.
300 g griech. Joghurt bis 2% Fett	in eine Schüssel geben, die noch warmen Möhren hinzufügen und gut verrühren.
2 Knoblauchzehen	schälen und pressen. Mit
½ TL Salz	zu dem Möhrenjoghurt geben.
	Optional
1 EL Olivenöl	vor dem Servieren auf den Zaziki geben.

Eine Portion (1/8): Kcal: 47 | Fett: 3g | Kohlenhydrate: 4g | Ballaststoffe: 1g | Eiweiß: 4g | BE: 0,3

Paprikapaste

Auf 200° O-/U-Hitze	den Ofen vorheizen.
500 g rote Spitzpaprika	waschen, Stiel entfernen, der Länge nach halbieren und entkernen.
1 mittelgroße Zwiebel	schälen und in Ringe schneiden. Mit der Paprika auf einem mit Backpapier ausgelegten Backblech verteilen. Auf mittlerer Schiene
etwa 30 Minuten	backen, noch warm und mit Haut in eine Schüssel geben.
2 Knoblauchzehen	schälen, mit
50 g Schmand	
1 EL Olivenöl	zur Paprika geben und mit einem Pürierstab fein pürieren. Mit
Salz, Pfeffer, Majoran	abschmecken.

Eine Portion (1/8): Kcal: 50 | Fett: 3g | Kohlenhydrate: 1g | Ballaststoffe: 0g | Eiweiß: 0g | BE: 0,0

Scharfer Ingwer-Dip

1 kleine Zwiebel	und
10 g frischen Ingwer	schälen und würfeln.
	Zusammen mit dem
Saft einer Bio-Zitrone	und
1 Dose/Glas Kichererbsen	
etwa 240 g	samt Flüssigkeit in ein hohes Gefäß geben.
	Mit einem Pürierstab fein pürieren.
4 Zweige frischen Koriander	klein schneiden und unterrühren. Mit
2 TL Chiliflocken	
Salz und Pfeffer	würzen.

Eine Portion (1/10): Kcal: 31 | Fett: 1g | Kohlenhydrate: 4g | Ballaststoffe: 2g | Eiweiß: 2g | BE: 0,3

Thunfischcreme

200 g fettarmen Frischkäse	und
140 g Thunfisch im eigenen Saft	in eine Schale geben.
1 kleine rote Zwiebel	schälen, fein würfeln und mit
1 EL Kapern	
1 EL Zitronensaft	zum Thunfisch und Frischkäse geben. Mit einem Löffel gut verrühren. Mit
Salz und Pfeffer	abschmecken.

Lachs-Dill-Creme

200 g Stremellachs	in einer Schale mit einer Gabel zerdrücken.
200 g fettarmen Frischkäse	
1 TL Senf	
1 EL Weißweinessig	
Süße für 20 g Zucker	
1 EL Dill (frisch oder TK)	dazugeben und gut vermengen. Mit
Salz und Pfeffer	abschmecken.

Thunfisch: Eine Port. (1/6): Kcal: 47 | Fett: 0g | Kohlenhydrate: 2g | Ballaststoffe: 1g | Eiweiß: 9g | BE: 0,2

Lachs: Eine Port. (1/6): Kcal: 105 | Fett: 5g | Kohlenhydrate: 2g | Ballaststoffe: 1g | Eiweiß: 12g | BE: 0,2

Zucchini-Salbei-Dip

1 Stange Porree	schälen und in feine Ringe schneiden.
2 mittelgroße Zucchini	waschen und in dünne Scheiben schneiden. Mit dem Porree und
1 EL Pflanzenöl etwa 15 Minuten	in einer Pfanne anbraten und bei geschlossenem Deckel köcheln lassen. Gelegentlich umrühren. Die Pfanne vom Herd nehmen und das Gemüse in eine Schüssel geben.
100 g gekochte weiße Bohnen	hinzufügen und mit einem Pürierstab fein pürieren.
4 Blätter Salbei	fein schneiden, zum Püree geben, unterheben und mit
Salz und Pfeffer	würzen.
1 Knoblauchzehe	optional dazugeben.

Pilzcreme

400 g Pilze nach Belieben	putzen, halbieren.
2 mittelgroße Zwiebeln	schälen, fein würfeln und zusammen mit den Pilzen mit
1 EL Pflanzenöl etwa 15 Minuten	in einer Pfanne bei mittlerer Hitze und zugedeckt anbraten. Die Pfanne vom Herd nehmen, abkühlen lassen und das Gemüse in eine Schüssel geben.
2 EL Schmand	und
1 EL Balsamico-Essig	hinzugeben und mit einem Pürierstab fein pürieren. Mit
Salz, Pfeffer, Thymian, Majoran	würzen.

Zucchinidip: Eine Port. (1/10): Kcal: 30 | Fett: 1g | Kohlenhydrate: 3g | Ballaststoffe: 1g | Eiweiß: 2g | BE: 0,3

Pilzcreme: Eine Port. (1/8): Kcal: 37 | Fett: 3g | Kohlenhydrate: 1g | Ballaststoffe: 1g | Eiweiß: 1g | BE: 0,1

Kuchen
& Süßes

Für
10 Stück

Cremeschnitte

Auf 175° O-/U-Hitze	den Ofen vorheizen.
4 Eier	vorsichtig trennen. Das Eigelb beiseitestellen und das Eiweiß mit einem Handmixer und
1 Prise Salz	steif schlagen. Während des Schlagens löffelweise
Süße für 60 g Zucker	hineinrieseln lassen. Ebenfalls das Eigelb nach und nach in die Eiweißmasse geben. Das Gerät ausschalten.
80 g Dinkelmehl Type 1050	
25 g Backkakao	
½ Pkg Backpulver	
Vanille	in ein Sieb geben und auf den Eischnee sieben. Mit einem Teigschaber vorsichtig unterheben, bis keine Klümpchen mehr vorhanden sind.
	Die Teigmasse auf einem mit Backpapier ausgelegten Backblech verteilen und
etwa 15 Minuten	backen.
	Auf dem Blech abkühlen lassen. Währenddessen
100 ml Schlagsahne	mit
Süße für 70 g Zucker	
2 Pkg Sahnefest	steif schlagen.
250 g Magerquark	
Vanille und Karamellaroma	hinzugeben und gut verrühren. Den gebackenen Boden halbieren. Auf die eine Hälfte die Creme verteilen und mit der anderen Hälfte bedecken. In 8-10 Stücke teilen. Luftdicht
2 Stunden	im Kühlschrank durchziehen lassen und kalt genießen.

Ein Stück (1/10): Kcal: 126| Fett: 6g | Kohlenhydrate: 9g | Ballaststoffe: 1g | Eiweiß: 8g | BE: 0,7

Erdbeerschnitte

Auf 175° O-/U-Hitze	den Ofen vorheizen.
3 Eier	vorsichtig trennen. Das Eigelb zur Seite stellen und das Eiweiß mit einem Handmixer und
1 Prise Salz	steif schlagen. Während des Schlagens löffelweise
Süße für 60 g Zucker	hineinrieseln lassen. Danach das Eigelb nach und nach in die Eiweißmasse geben. Das Gerät ausschalten.
70 g Dinkelmehl Type 1050	
20 g Backkakao	
½ Pkg Backpulver	
Vanille	in ein Sieb geben und auf den Eischnee sieben. Mit einem Teigschaber vorsichtig unterheben, bis keine Klümpchen mehr vorhanden sind.
	Die Teigmasse in eine mit Backpapier ausgekleidete
26er Springform	füllen und glattstreichen. Im unteren Drittel des Ofens
etwa 20 Minuten	backen. Den fertigen Boden aus der Form nehmen und auf einem Rost auskühlen lassen. Während des Auskühlens
1 Pkg Vanillepuddingpulver	nach Anleitung mit
300 ml fettarmer Milch	und
Süße für 80 g Zucker	zu einem Pudding kochen. Vom Herd nehmen und
5 Minuten	abkühlen lassen. Zum Pudding
300 g Magerquark	hinzufügen, gut unterheben und beiseitestellen.
500 g frische Erdbeeren	waschen, vom Strunk befreien und grob stückeln. Den Boden wieder in die Form geben und einspannen. Auf den Boden die Puddingcreme streichen und die Erdbeeren darauf verteilen. Auf Wunsch mit
Mandelblättern	dekorieren. Vor dem Servieren
1 Stunde	kühlen.

Ein Stück (1/12): Kcal: 105 | Fett: 3g | Kohlenhydrate: 12g | Ballaststoffe: 1g | Eiweiß: 7g | BE: 0,9

Himbeer-Joghurt-Sorbet

6 Dessertgläser in das Tiefkühlfach stellen.

500 g tiefgekühlte Himbeeren
400 g griech. Joghurt bis 2% Fett
Süße für 80 g Zucker
Saft einer Bio-Zitrone

in ein hohes Gefäß geben und mit einem Pürierstab oder einem Standmixer sehr fein pürieren.
Die Gläser aus dem Tiefkühlfach herausholen und mit dem Himbeermus füllen.
Die Gläser wieder in das Tiefkühlfach stellen und kühlen.

etwa 30 Minuten

frischen Himbeeren
Minzblättern

Vor dem Servieren mit
und
verzieren. Zügig verzehren.

Tipp: Dieses Sorbet ist eine sehr kalorienarme Alternative zu einem Frucht-Sahneeis.

Für
12 Muffins

Käsekuchenmuffins

Auf 175° O-/U-Hitze	den Ofen vorheizen.
4 Eier	mit
Süße für 120 g Zucker	schaumig schlagen.

500 g Magerquark	
100 g griech. Joghurt 2% Fett	
1 Pkg Vanillepuddingpulver	
Abrieb einer Bio-Zitrone	
2 EL Weichweizengrieß	hinzufügen und mit dem Handmixer gut verrühren. Mit einem Löffel in eine
12er Silikon-Muffinform	füllen. Bei Bedarf
eine kleine Dose Mandarinen	abtropfen lassen und auf den Muffins verteilen. Im unteren Drittel des Ofens
etwa 40 Minuten	backen.
etwa 15 Minuten	Den Ofen ausschalten und die Muffins noch im Ofen abkühlen lassen, wobei die Tür einen Spalt geöffnet bleibt. Danach die Muffins herausholen, aus der Form nehmen und auf einem Rost vollständig auskühlen lassen.

Ein Stück (1/12): Kcal: 95 | Fett: 3g | Kohlenhydrate: 9g | Ballaststoffe: 0g | Eiweiß: 8g | BE: 0,8

Naked Cake

Auf 175° O-/U-Hitze	den Ofen vorheizen.
6 Eier	vorsichtig trennen, sodass das Eiweiß absolut frei von Eigelb ist. Das Eigelb beiseitestellen und das Eiweiß mit Mixer oder Küchenmaschine sehr steif schlagen. Dabei löffelweise
Süße für 150 g Zucker	hinzufügen und die Eigelbe mit jeweils etwa 1 Minute Abstand nach und nach dazugeben. Das Gerät abschalten.
200 g Dinkelmehl Type 1050	und
1 Pkg Vanillepuddingpulver	
1 Pkg Backpulver	in ein Sieb geben und auf den Eischnee sieben. Mit einem Teigschaber vorsichtig unterheben, bis keine Klümpchen mehr vorhanden sind. Backpapier unter Wasser komplett nass machen, auswringen und damit eine
26er Springform	auskleiden. Den Teig einfüllen und
etwa 30 Minuten	im unteren Drittel des Ofens backen. Mit dem Papier aus der Form nehmen und auf einem Rost auskühlen lassen. Anschließend den Boden zweimal quer schneiden, sodass 3 Böden entstehen.
200 g Schlagsahne	mit
Süße für 120 g Puderzucker	
2 Pkg Sahnesteif	steifschlagen.
1 kg Magerquark	
Abrieb einer halben Bio-Zitrone	dazugeben und gut verrühren. Den untersten Boden in einen Tortenring legen, mit ⅓ der Crememasse bedecken; nun den mittleren Boden darüberlegen, ebenfalls mit ⅓ bedecken, ebenso den letzten Boden.
2 Stunden	im Kühlschrank aufbewahren. Den Ring vorsichtig entfernen, den Rand glattstreichen und vor dem Servieren mit
verschiedenen Beeren	dekorieren.

Ein Stück (1/12): Kcal: 226 | Fett: 9g | Kohlenhydrate: 19g | Ballaststoffe: 1g | Eiweiß: 16g | BE: 1,6

Puddingplunder

Für 16 Stück

15 g Butter	auf Zimmertemperatur bringen.
250 g Magerquark	in eine Schüssel geben und mit
200 g Dinkelmehl Type 1050	
Süße für 40 g Zucker	
1 Pkg Backpulver	
einer Prise Salz	zu einem geschmeidigen Teig kneten.
Etwas Mehl	auf die Arbeitsfläche streuen. Darauf den Teig zu 4 gleich großen Kugeln formen und sie zu jeweils etwa 25x25 cm großen Fladen ausrollen. Drei der Fladen mit der Butter bestreichen und stapeln. Den vierten Fladen darüberlegen.
Auf 200° O-/U-Hitze	den Ofen vorheizen.
180 g Magerquark	
1 Ei	
1 Pkg Vanillepuddingpulver	
1 EL Weichweizengrieß	
Süße für 50 g Zucker	in eine Schüssel geben und mit einem Schneebesen verrühren. Beiseitestellen.
	Den Fladenturm auf etwa 40x40 cm ausrollen, mit dem Messer in 16 gleich große Quadrate schneiden und auf ein mit Backpapier ausgelegtes Backblech legen. Die Ecken zur Mitte einklappen und fest andrücken. Mit einem Löffel die Puddingcreme jeweils in die Mitte der Quadrate geben. Mit
1 verquirlten Ei	die Ränder der Teilchen bepinseln.
Etwa 25 Minuten	auf mittlerer Schiene backen. Anschließend mit
frischen Beeren	belegen und mit
2 EL Süße für Puderzucker	dekorieren.

Ein Stück (1/16): Kcal: 87 | Fett: 2g | Kohlenhydrate: 12g | Ballaststoffe: 1g | Eiweiß: 6g | BE: 1

Für
12 Stück

Saftige Cupcakes

250 g Magerquark
100 g griech. Joghurt 2% Fett
Süße für 30 g Zucker
1 Pkg Sahnesteif
Abrieb einer halben Bio-Orange

in einer Schüssel mit einem Handmixer 2 Minuten cremig rühren. Für
in den Kühlschrank stellen. Währenddessen den Ofen vorheizen.

1 Stunde
auf 180° O-/U-Hitze
250 g Magerquark
3 Eier
30 g Halbfettmargarine

in eine Schüssel geben und mit einem Handmixer auf höchster Stufe schaumig schlagen.

80 g Dinkelvollkornmehl
80 g Haferkleie
Süße für 100 g Zucker
50 g gemahlene Mandeln
1 Pkg Backpulver
Vanille
70 g geraspelte Möhren
12er Silikon-Muffinform
35-40 Minuten

.

dazugeben und etwa 3 Minuten verrühren.
hinzufügen und vorsichtig unterheben. Den Teig in einer verteilen. Im unteren Drittel des Ofens
backen. Die Muffins erst 10 Minuten in der Form abkühlen und anschließend auf einem Rost vollständig auskühlen lassen.
Die Creme in einen Spritzbeutel füllen und auf den Cupcakes verteilen.

Ein Stück (1/12): Kcal: 145 | Fett: 6g | Kohlenhydrate: 11g | Ballaststoffe: 2g | Eiweiß: 10g | BE: 0,9

Für 12 Stück

Schokosünde

Auf 180° O-/U-Hitze	den Ofen vorheizen.
150 g Magerquark	
100 ml fettarme Milch	
3 Eier	
100 g Dinkelmehl Type 1050	
Süße für 120 g Zucker	
1 Pkg Schokopuddingpulver	
15 g Backkakao	
1 Pkg Backpulver	der Reihe nach in eine Schüssel geben und zügig mit einem Handmixer etwa 3 Minuten auf hoher Stufe verrühren. Den Teig in einer
12er Silikon-Muffinform	verteilen.
25 g Zartbitterschokolade	in 12 Stücke teilen und jeweils in die Muffinmulden geben. Im unteren Drittel des Ofens
etwa 30 Minuten	backen.
	Nach 5 Minuten aus der Form nehmen und am besten noch warm genießen.

Ein Stück (1/12): Kcal: 93 | Fett: 3g | Kohlenhydrate: 11g | Ballaststoffe: 1g | Eiweiß: 5g | BE: 0,8

WENN'S MAL SCHNELL GEHEN SOLL:

Erhältlich in ausgewählten Shops und auf www.woelkchenbaeckerei.de

PRAKTISCH
Keine ausgedehnten Shoppingtouren für die Zutatensuche mehr nötig.

WIRKUNGSVOLL
- Ballaststoff- und proteinreich
- Zutaten aus kontrolliert-biologischem Anbau und mit natürlichen Inhaltsstoffen
- Kalorienärmer als herkömmliches Gebäck

BEQUEM
Kein mühsames Abmessen einzelner Zutaten erforderlich.

IMMER AUF DEM LAUFENDEN BLEIBEN!

BACKKURSE:
Jetzt vorbeischauen für Termine – online und vor Ort.

SHOP:
Große Auswahl fürs wölkchenleichte Backen.

WWW.WOELKCHENBAECKEREI.DE

NEWSLETTER:
Gleich abonnieren für attraktive Rabatte und zusätzliche Rezepte.

GRATIS
Noch mehr Rezepte!

HILFREICH
Wertvolle Tipps und Tricks!

NÜTZLICH
Danas Back-Videos!

Die Wölkchen Bäckerei

Güldane – Dana – Altekrüger, mit türkischen Wurzeln geboren 1975 in Hamburg, aufgewachsen in den Stadtteilen St. Pauli und Altona. Die verheiratete Veranstaltungskauffrau mit zwei Kindern beschloss 2018, ihre Backrezepte in den sozialen Medien unter dem Namen „Die Wölkchenbäckerei" zu posten. Auf Wunsch ihrer Follower machte sie im selben Jahr daraus das Buch „Abnehmen mit Brot & Kuchen". Die Erstauflage von 1.000 Stück war nach drei Tagen verkauft und ihr Leben und das ihrer Familie fortan auf den Kopf gestellt.

Auch bei meinem mittlerweile vierten Buch möchte ich Danke sagen.

Danke Dönay, Maj, Katrin und Nicole! Ich danke euch, dass ihr die Wölkchenbäckerei mit euren Ideen und eurem tollen Engagement bereichert. Ihr kümmert euch um den Wölkchenshop, betreut unsere Kunden und macht ordentlich PR und Marketing; und so ermöglicht ihr es mir, mich auf das zu konzentrieren, was ich am liebsten mache: Backen, viele Ideen haben und neue Projekte angehen.

Danke auch an Reinhard und Donni für euren schnellen Support. Ein paar kryptische Zeichen und laienhafte Beschreibungen reichen euch aus, um meine noch nicht mal in meinem Kopf vollendeten Gedanken zu verstehen und umzusetzen. Ihr seid Profis! Reinhard bei der Grafik (Cover- und Verpackungsdesign) und Donni bei der Homepagegestaltung.

Markus, wie soll ich dir dieses Mal danken? Danke, dass du bist, wie du bist! Danke, dass du an mich glaubst und mir wahnsinnig den Rücken freihältst. Du bist der liebevollste, aufrichtigste, fleißigste Mensch, den ich kenne. Und das, obwohl du die für mich unliebsamen Aufgaben wie den ganzen Papierkram übernimmst. Ich liebe dich!

Danke auch an Lale und Noyan! Nicht selten gebt ihr mir die Inspiration für neue Rezepte. Ihr seid meine größten Kritiker und Qualitätsprüfer. Erst wenn es euch schmeckt, wird das Rezept durchgewunken. Ihr seid hart, aber fair. Ich liebe euch!

Ganz besonderer Dank geht an die fantastischen Admins der selbst gegründeten Facebook-Gruppe „Wölkchen-Fans" mit tausenden Mitgliedern, die sich austauschen, gegenseitig helfen, ausprobieren. Neu dabei ist die Facebook-Gruppe „Backen mit der Wölkchenbäckerei". Ihr seid großartig! Ich danke euch für euer Engagement und für eure Leidenschaft!

Vielen Dank an alle meine Nachbäckerinnen und Nachbäcker! Danke für euer Vertrauen, eure Rückmeldungen und Inspirationen. Das motiviert mich weiterzumachen.

woelkchenbaeckerei.de ● Instagram | Facebook | Youtube - Die Wölkchenbäckerei